UN MOT DE NAPOLÉON

ET

BERNARDIN DE SAINT-PIERRE

(Lu par M. Nault à l'Académie de Dijon et inséré
dans ses Mémoires).

DIJON

IMPRIMERIE LOIREAU-FEUCHOT

place Saint-Jean, 1 et 3

1855

UN MOT DE NAPOLÉON

ET

BERNARDIN DE SAINT-PIERRE

Faites-nous des Paul et Virginie, disait Bonaparte consul à Bernardin, son confrère à l'Institut. A l'autre extrémité de cette carrière fastique, lorsque les revers sont venus, nous voyons le peintre des deux amants transatlantiques figurer sur la tablette de Sainte-Hélène. Le *Mémorial* nous apprend en effet que le prisonnier alternait souvent d'un acte d'*Iphigénie* ou de *Rodogune* à une scène de *Paul et Virginie*, cherchant dans une émotion qui le sortait de lui-même l'oubli passager des misères de l'exil, peut-être aussi le retour consolant des impressions du premier âge. Le grand homme ne portait donc pas tellement son cœur dans sa tête qu'il n'eût été accessible au charme de cette peinture. Je croirais pourtant et je dirais, s'il me fallait ici approfondir ce caractère, que l'attrait qui portait Napoléon jeune homme vers le roman de Paul et Virginie tenait moins encore peut-être au tableau ravissant des amours de deux jeunes gens qu'au sentiment d'amertume contre l'inégalité sociale qui se décèle en ce livre, sentiment qui dut exciter toutes les sympathies du jeune Corse jusqu'à ce que le moment ne fût enfin arrivé où lui-même conçut l'espoir de corriger par l'ascendant de son génie l'erreur de la fortune.

Après avoir rapporté, à l'occasion du livre, une impression sympathique qui peut surprendre au premier abord, bien qu'elle s'explique naturellement et par le caractère du lecteur et par ses facultés qui s'appliquaient à tout, essayons de justifier, en les exposant, nos impressions propres. Les ouvrages de l'esprit marqués d'une originalité vraie ont un avantage, qui est de ne s'user pas et de fournir ainsi dans la critique matière à des aperçus nouveaux, sinon toujours au fond des choses, du moins dans l'expression, ce qui suffit encore pour exciter l'intérêt.

Bernardin de Saint-Pierre, né avec une sensibilité exquise et un caractère difficile et inquiet, était dans les conditions qu'il requiert lui-même pour faire un bon livre : l'expérience du malheur dans une ame passionnée. La société lui avait fait une situation médiocre, et toute sa vie il se plut à l'empirer par l'inconstance et les caprices de son humeur. Elève de Rousseau et compagnon des promenades solitaires du philosophe, il en avait adopté les goûts, les passions et les vues. L'un et l'autre portaient dans sa tendresse pour la nature une haine vigoureuse contre la société. Aussi le livre si charmant pour nous de Paul et Virginie était dans la pensée de son auteur une protestation éloquente contre les institutions sociales. Mme de la Tour et Marguerite sont deux victimes des préjugés

européens dans l'inégalité des conditions. La sépara-
tion des deux amants et la catastrophe qui en est la
suite sont dus à un mouvement d'ambition auquel
Mme de la Tour se laisse aller selon les vues tout
aristocratiques d'une vieille Parisienne. Enfin l'éloquent vieillard qui fait le récit et qui sert de truche-
ment à l'auteur pour la morale et la philosophie,
s'étudie à prouver que l'esprit, le savoir et la vertu
sont des dons perdus en Europe pour qui n'y réunit
pas les avantages *innaturels* que donnent la naissance
et la fortune. Ces opinions, qui n'eussent été qu'un
travers dans un esprit vulgaire, deviennent chez Bernardin, comme chez Rousseau, les auxiliaires du génie.
Mais il faut dire que dans l'œuvre de notre auteur les
impressions anti-sociales qu'il a voulu produire s'ef-
acent pour nous complétement devant la suavité de
ses descriptions et la grâce incomparable de son tableau d'amour.

L'exposition du drame si touchante et si vraie, la
mise en scène des deux enfants, la peinture de leurs
inclinations naissantes et de leurs plaisirs innocents,

l'union des deux familles et le bonheur domestique dans un intérieur de pureté, de simplicité et de concorde, tous ces tableaux sont ravissants et d'une originalité inimitable. Quand la sympathie qui unit les jeunes gens prend le caractère de la passion avec le développement de l'âge, le romancier s'élève avec le sujet; sa douceur et sa grâce font place au pathétique. Nos maîtres de la scène n'ont point d'accent plus déchirant que le cri d'amour qui s'échappe du cœur de la jeune fille devant son amant désolé : *Je reste, je pars, je vis, je meurs. Fais de moi ce que tu veux. Fille sans vertu! j'ai pu résister à tes caresses et je ne puis soutenir ta douleur.* La seconde partie du récit, qui est coupée par la philosophie du vieillard, n'est peut-être pas de la même force, si ce n'est pourtant que dans la situation de Paul après le départ de Virginie, l'écrivain a dépeint avec un sentiment profond et une fidélité parfaite le désenchantement d'un cœur qui est séparé de ce qu'il aime et le voile de deuil qui recouvre tout ce qui l'avait charmé jusqu'alors. Puis la catastrophe est décrite avec une vérité frappante qui

mèt les objets sous les yeux. Le lecteur s'unit aux co-
lons assemblés sur le rivage durant la tempête; il
assiste comme eux aux phénomènes de l'ouragan qui
bouleverse ces mers lointaines; il partage leurs an-
goisses en vue du *Saint-Géran* luttant contre une
mer furieuse qui va l'engloutir. La jeune fille appa-
raissant sur le pont du vaisseau au moment suprême,
restée seule avec le matelot nu qui veut la sauver et
qu'elle repousse, nous saisit d'une impression ineffa-
çable de terreur, de pitié et d'admiration. Tel qu'il
est dans son ensemble, ce petit livre est un chef-d'œuvre
de composition et de style auquel on ne trouve rien
à comparer chez les Anciens, qui n'ont rien produit
dans cet ordre de sentiments et d'idées, et que les
plus habiles d'entre les Modernes n'ont point égalé,
sans en excepter le grand écrivain de ce siècle (1).

(1) En louant ici sans réserve l'œuvre de notre auteur, je me suis
placé au point de vue littéraire. Il en eût été autrement s'il eût fallu
m'expliquer sur sa philosophie religieuse, qui est celle du *Vicaire sa-
voyard*, bien qu'en cet ouvrage elle soit tempérée par la grâce de son
sujet et la convenance de sa morale : en religion comme en politique,
le disciple avait les opinions du maître, à ces nuances près plus ou moins
marquées qu'apporte toujours dans les opinions humaines la diffé-
rence ou l'analogie des humeurs et des caractères.

On a dit de Bernardin de Saint-Pierre qu'il avait fondé la nouvelle école; ceci demande une explication. Bernardin est sans doute le premier écrivain en France qui ait donné l'exemple du genre descriptif uni au genre romanesque, car les descriptions sont une partie trop accessoire dans la *Nouvelle Héloïse* pour que l'on puisse considérer *Jean-Jacques* sous ce rapport comme chef d'école. Il faut réserver cet honneur à Bernardin, chez qui le cadre est aussi riche que le tableau. Il est le modèle et sera longtemps le maître de nos écrivains paysagistes; son coloris est à la fois suave et brillant comme celui de la nature tropicale dont il restera le peintre par excellence; voilà son lot. Mais, en ce qui touche les formes du style, l'école ou plutôt le genre dit romantique réclame mal à propos son patronage. L'auteur de *Paul et Virginie*, par la sagesse du dessin et la pureté du trait, se rattache, à mon sens, aux classiques. Je découvre une analogie réelle entre le style de Bernardin de Saint-Pierre et le style de notre grand Racine, la prééminence du poète sur le prosateur étant mise à part. Chez l'un et l'autre, même justesse exacte dans l'expression, même simplicité savante, même chaleur intime, même sobriété dans les ornements, même perfection travaillée qui ne se sent bien qu'à l'étude. Quant à la science du cœur humain, il y a entre ces deux natures une autre analogie. Tous deux se plaisent à sonder de préférence le cœur de la femme, à en tirer cet accent énergique et soudain que la retenue veut étouffer en vain quand la passion parle. Je pourrais marquer encore un point de ressemblance entre ces deux hommes si dissemblables d'ailleurs dans leur train de vie et le milieu où ils ont vécu. Racine aussi, tout gracieux et tendre qu'il est, était né avec un caractère chagrin, un esprit caustique et frondeur ; mais le grand poète avait rectifié son naturel dans une éducation forte, des amitiés graves et la foi religieuse. Ce support manquait au siècle suivant, et le roman de Bernardin, l'œuvre de son génie, porte l'empreinte de son caractère.

Je disais tout à l'heure que le style de cette charmante production est parfait ; je veux y revenir encore, car je n'ai pas expliqué pleinement la perfection dans sa cause. Lorsque j'ai eu l'occasion de parler du style des grands écrivains, j'ai remarqué plus d'une fois que sa supériorité consiste dans le pouvoir qu'ils ont de *teindre leur style d'eux-mêmes*, comme a dit Joubert; nul n'a possédé ce secret à un plus haut degré que Bernardin de Saint-Pierre; nul, en son style, ne *montre mieux l'homme*, selon cet autre mot d'un maître. Sous la douceur et la grâce on sent une ame ardente et blessée. Il me rappelle en quelque sorte l'Oreste de Gluck, qui dit : *Je suis calme*, tandis qu'une sombre agitation remue tout l'orchestre. Quand il peint la félicité de deux cœurs unis, on prévoit à l'allure du style que ce bonheur apparent ne durera pas, et l'on pressent dès lors cette réflexion grave et triste qui partage le récit : « Semblable au globe sur lequel nous « tournons, notre révolution rapide n'est que d'un « jour, et une partie de ce jour ne peut recevoir la « lumière que l'autre ne soit livrée aux ténèbres. » Puis, quand la catastrophe est venue, que tout a été décrit et qu'il faut finir, écoutez les derniers accents qui terminent le récit; c'est le vieillard qui parle :

« Jeunes gens si tendrement unis! mères infortunées!
« chère famille! ces bois qui vous donnaient leurs
« ombrages, ces fontaines qui coulaient pour vous,
« ces côteaux où vous reposiez ensemble déplorent
« encore votre perte. Nul depuis vous n'a osé culti-
« ver cette terre désolée, ni relever ces humbles ca-
« banes. Vos chèvres sont devenues sauvages ; vos
« vergers sont détruits ; vos oiseaux sont enfuis, et
« on n'entend plus que les cris des éperviers qui volent
« en rond au haut de ce bassin de rochers. Pour moi,
« depuis que je ne vous vois plus, je suis comme un
« ami qui n'a plus d'amis, comme un père qui a perdu
« ses enfants, comme un voyageur qui erre sur la
« terre où je suis resté seul. » Quelle simplicité! quelle
vérité! mais aussi quel chagrin intime dans ces tristes
accents! Voyez comme en ce peu de lignes il résume
l'instabilité de toutes choses sous la voûte du ciel, celle
du cœur de l'homme qui est à la merci des événements
et de sa propre inconstance, celle de la nature elle-
même qui renouvelle incessamment ses aspects dans

une mutation perpétuelle. L'oiseau de proie, faisant dans l'air ses évolutions sinistres en planant sur une terre désolée, est le trait suprême du peintre, qui, en le couronnant, ajoute à la tristesse pénétrante du tableau.

Je serais incomplet dans ce court exposé d'une étude où j'ai tenté d'apprécier l'homme et son œuvre, si je ne disais pas un mot en terminant sur la *Chaumière indienne*, qu'on accole ordinairement à *Paul et Virginie* dans les éditions illustrées et sur les *Etudes de la nature* elles-mêmes, dont *Paul et Virginie* n'est qu'un épisode. La *Chaumière indienne*, publiée en 1790, œuvre de circonstance plus que d'inspiration, reproduit de l'auteur la philosophie chagrine et le naturalisme exalté avec une lueur douteuse de son talent. L'histoire du Paria, rapprochée de celle des deux Créoles, pâlit et s'efface sans que le chef-d'œuvre y gagne rien. Quant aux *Etudes de la nature*, qui ont eu le mérite en leur temps de seconder l'impulsion donnée par Buffon et Rousseau, elles constituent pour nous aujourd'hui un livre fort imparfait. On y retrouve encore un sentiment profond et vrai des beautés de la nature et quelques descriptions charmantes ; mais l'ouvrage est déparé à nos yeux par une composition capricieuse, une physique hasardée, et par l'affectation d'une philanthropie qui eut sa vogue au temps où l'auteur écrivait et qui n'est plus pour nous aujourd'hui qu'un langage stérile. Bernardin de Saint-Pierre a eu la bonne fortune de rencontrer sur son chemin un sujet où il pût concentrer avec une imagination forte les observations de son esprit, les secrets sentiments de son ame, les prédilections de toute sa vie, et il a mis son *récit* dans la bouche d'un *vieillard* qui n'est si éloquent et si touchant que parce qu'il reflète à l'idéal les impressions du metteur en scène. Du reste, Bernardin, en dehors de son chef-d'œuvre, est du nombre de ces écrivains qui, dans leur marche vers la postérité, perdent en route une partie de leur bagage. Ce n'est pas une petite gloire attachée à son nom que d'avoir laissé derrière lui deux cents pages qui dureront autant que les lettres françaises.

Permettez-moi une réflexion finale que cette lecture

tardivement répétée a fait naître dans mon esprit. Quelle littérature que la nôtre, qui, considérée dans l'ensemble des écrivains qui en sont l'expression, a touché à la perfection en tout ce qui ressort du sentiment, de l'imagination et de la pensée ! Aussi le génie français a-t-il donné à son interprète d'être la langue universelle.